Michael Pasdzior

Kontorhausviertel und Speicherstadt

Ein Spaziergang durch Hamburgs Weltkulturerbe

Wachholtz

Fotografien: Michael Pasdzior
Texte: Katja Deutsch
Gesamtherstellung: Wachholtz Verlag
Printed in Germany

ISBN 978-3-529-05205-7

Besuchen Sie uns im Internet:
www.wachholtz-verlag.de

Inhaltsverzeichnis

Speicherstadt und Kontorhäuser

Ein unterhaltsamer Spaziergang zu den weltberühmten Sehenswürdigkeiten Hamburgs

Im Jahr 2015 wurde das Hamburger Kontorhausviertel zusammen mit der Hamburger Speicherstadt in die Liste des UNESCO-Weltkulturerbes aufgenommen und damit in seiner ganz besonderen Ausstrahlung gewürdigt und geschützt. Der größte zusammenhängende Lagerhauskomplex der Welt und das erste reine Büroviertel Europas prägen Identität und Image der Hansestadt und sind weithin sichtbares Zeichen für die erfolgreichen Handelsbeziehungen der Hamburger Kaufleute und Reeder in alle Welt. Beide Quartiere haben Architekturgeschichte geschrieben und ziehen Jahr für Jahr unzählige Besucher an.

Die seit 1991 unter Denkmalschutz stehende Speicherstadt liegt auf den ehemaligen Elbinseln des Hamburger Freihafens. Für ihren Bau wurden ab 1883 rund 20 000 Menschen zwangsumgesiedelt.

Das benachbarte Kontorhausviertel entstand in den 1920er- und 1930er-Jahren. Die Hamburger Kontorhäuser sind Bürogebäude, in denen nach nordamerikanischem Vorbild Flächen an andere Unternehmen vermietet werden konnten. Viele von ihnen gelten als architektonische Perlen. Besonders das Chilehaus, das 2024 seinen 100. Geburtstag feiert, erlangte durch seine kühn geschwungene Spitze Weltruhm.

Lassen Sie sich inspirieren zu einem fotografischen Spaziergang durch das Weltkulturerbe!

1

CHILEHAUS

– Fischertwiete 2 –

Das schwungvolle und spektakuläre Chilehaus kann durchaus als Ursprung des Kontorhausviertels bezeichnet werden. Der »Salpeterbaron« Henry Brarens Sloman, durch den Import von Salpeter aus eigenen Minen in Chile zum reichsten Hamburger geworden, beauftragte den Architekten Fritz Höger mit dem Bau. Das 1922 begonnene und 2024 fertiggestellte expressionistische Bauwerk, das einem Schiffsrumpf nachempfunden ist, gilt mit seiner genialen Linienführung als Deutschlands berühmtestes Kontorhaus und steht für Aufbruch und Aufbau zugleich. Mehr als 1000 Handwerker verbauten hierfür über 4,8 Millionen Ziegel.
Die ungewöhnlich schlanke Spitze des zehngeschossigen Gebäudes, die rote Klinkerfassade mit den Tudorbögen zur Fischertwiete, das eingelassene Kreuzstichmuster sowie die neugotischen Skulpturen und Ornamente kennzeichnen diesen wegweisenden Bau, der auch eine Hommage an Slomans Zeit in seinem geliebten Chile ist. Der auf der Spitze thronende chilenische Nationalvogel, ein mächtiger Andenkondor, unterstreicht diesen Gruß.
Seit 1983 steht das Chilehaus unter Denkmalschutz.

Tipp: Je nach Blickwinkel verdecken die Pfeiler optisch die gesamten Fensterelemente. Besonders schön sind auch die schmiedeeisernen Doppeltüren mit eingefügten goldfarbenen Metallpfeilen.

2

MESSBERGHOF

– Meßberg 1 –

Steht man vor der Spitze des Chilehauses und blickt nach links, sieht man den Meßberghof, ein ebenfalls mächtiges, zehngeschossiges Kontorhaus, das unter Denkmalschutz steht. Es wurde zeitgleich mit dem Chilehaus von Hans und Oskar Gerson für die »Aktiengesellschaft und In- und Auslandsunternehmungen« erbaut. Ursprünglich hieß das Kontorhaus Ballinhaus nach seinem gleichnamigen Gründer, dem jüdischen Hamburger Reeder Albert Ballin. 1938 wurde es von den Nationalsozialisten umbenannt. Der Meßberghof ist ein schlichter Stahlbetonbau mit Backsteinfassade. Zu Beginn waren seine Strebepfeiler mit expressionistischen Sandsteinskulpturen von Ludwig Kunstmann geschmückt, die jedoch 1968 entfernt und im Treppenhaus aufgestellt wurden. Heute zieren acht »Enigma-Variationen« von Lothar Fischer die Fassade.

Info: Im Meßberghof befindet sich eines der schönsten Wendeltreppenhäuser Hamburgs – unbedingt hineingehen! Im Gebäude befindet sich auch das Schokoladenmuseum Chocoversum, in dem man seine eigene Schokolade herstellen kann.

3

SPRINKENHOF

– Springeltwiete 2A –
– Burchardstraße 8 –

Auf der anderen Seite des Chilehauses erhebt sich der mächtige Sprinkenhof. Aus der Vogelperspektive sieht es so aus, als ob das Chilehaus wie ein Schiff in voller Fahrt zwischen Meßberg und Sprinkenhof hindurchfährt und beide Gebäude fast zur Seite drängt. Der Sprinkenhof erstreckt sich über das gesamte Areal zwischen Johanniswall, Burchard- und Altstädterstraße. Das größte der Kontorhäuser wurde von den Architekten von Chilehaus und Meßberg gemeinsam entworfen. Die Grundform des zwischen 1927 und 1943 errichteten Kontorhauses ist ein neungeschossiger Kubus mit drei Innenhöfen zur Springeltwiete. Die expressionistische Klinkerfassade ist durch ein rautenförmiges Klinkermuster geprägt. Ornamente von Ludwig Kunstmann und tellergroße, rot glasierte Keramikknöpfe, die Handel und Seefahrt symbolisieren, schmücken die Fassade.
Vorbilder der Architekten sollen der Dogenpalast in Venedig und die Casa de las Conchas in Salamanca gewesen sein. Mit der Fertigstellung des Sprinkenhofs galt das Kontorhausviertel 1943 als vollendet.

Tipp: Im Sprinkenhof gibt es ein wunderschönes, farbenfrohes Wendeltreppenhaus. Außerdem gibt es noch einen echten Paternoster!

SPRINKENHOF

4

JOHANN KONTOR

– Johanniswall 3, 5, 7 –
– Klosterwall 2, 4, 6, 8 –
– Steinstraße 8 –

Auf dem Gelände der ehemaligen City-Höfe, die zwischen 1954 und 1958 als erste Hochhäuser Hamburgs errichtet wurden, entsteht ein völlig neues Gebäude in Anlehnung an die bestehenden Kontorhäuser: das Johann Kontor.
Das Ensemble bildet den neuen östlichen Abschluss in Richtung Hauptbahnhof und verbindet darüber hinaus über zwei großzügige, öffentliche Passagen das Kontorhausviertel mit der östlichen City.
Das Gebäude, das sich harmonisch in das bestehende Kontorhausviertel einfügt, ist allerdings nicht mehr aus einzeln verbauten Rotklinkerziegelsteinen gebaut, sondern besticht durch eine aufwendige Fassade mit tiefen Fensterlaibungen in mit Riemchen versehenen Betonfertigteilen.

Tipp: Auf der gegenüberliegenden Straßenseite Richtung Hauptbahnhof befindet sich die Zentralbibliothek Hamburg. In der einladenden und öffentlich zugänglichen Bibliothek gibt es Bücher, Zeitschriften, Filme, Games, Tonies, Brettspiele, E-Books und Hörbücher in über 30 Sprachen.

5 DEICHTORPLATZ

Am Deichtorplatz befand sich einst der erste Hamburger Bahnhof, doch mit dem Bau des Hamburger Hauptbahnhofs Anfang des 20. Jahrhunderts verlor der Platz seine ursprüngliche Bedeutung. 1911 wurde am Deichtorplatz der Deichtormarkt als neuer Großmarkt für Lebensmittel und Blumen eröffnet. Seit 1962 zerschneiden mehrspurige Schnellstraßen den Platz. Die mächtigen Hallen des Großmarktes wurden allerdings ab 1984 nicht mehr für Obst, Gemüse, Fisch und Fleisch und Blumen genutzt, und dafür 1989 zu lichtdurchfluteten, hellen Ausstellungshallen, den Deichtorhallen umgestaltet.
Sehenswert ist der Deichtorplatz nicht – aber er weist den Weg zu sehenswerten Ausstellungen: Die Freie Akademie der Künste, die Deichtorhallen und das Haus der Fotografie sind lohnende Ziele für Kunstinteressierte.

Tipp: Guter Ausgangspunkt für den Besuch von Ausstellungen. Auch die Freie Akademie der Künste, das Kunsthaus Hamburg und die Barlach Halle sind vom Deichtorplatz aus zu sehen.

DER SPIEGEL

HAUS DER PHOTOGRAPHIE
DEICHTORHALLEN

6

OBERHAFEN-KANTINE

– Stockmeyerstraße –

Ein kleiner Abstecher zur Oberhafenkantine führt vom Spiegelgebäude über die kleine Ericusbrücke zur Oberhafenkantine. Fast so schief wie der schiefe Turm von Pisa lehnt sie etwas geduckt an der Oberbaumbrücke. Die Oberhafenkantine wurde bereits 1925 als sogenannte Kaffeeklappe zur Versorgung der Hafen- und Werftarbeiter eröffnet. So steht sie heute noch da, hat Kriege, Stürme, Sturmfluten und Abrisspläne der Deutschen Bahn überstanden.
Sie ist die einzige Kantine dieser Art, die heute noch steht und betrieben wird. 1997 musste das Häuschen aufgrund seiner immer stärker werdenden Schieflage geschlossen werden und konnte nach neun Jahren Sanierung zur großen Freude vieler Hamburger wieder seine Pforten öffnen.

Tipp: Hier gibt es echte Hamburger Küche: Aalsuppe, Grünkohl, Labskaus, Pannfisch und Frikadellen! Wer keinen Platz bekommt, kann auch ins Hobenköök gehen, einem coolen Lagerhaus mit Restaurant, das sich im Hof befindet. Läuft man die Stockmeyerstraße entlang und biegt links in die Shanghaiallee, gelangt man zum legendären »The Table«, einem der wenigen Drei-Sterne-Restaurants Deutschlands.

Ober hafen - Kan tine
39
LEMONAID

7

POGGENMÜHLEN-BRÜCKE

Die Brücken in der Speicherstadt sind besonders typische Bauwerke Hamburgs. Die Brücken, die die einzelnen Inseln miteinander verbinden, sind kürzer, schlichter und niedriger als die über den Zollkanal. Die Poggenmühlenbrücke ganz im Osten gilt als die Brücke mit dem schönsten Blick über die Speicherstadt. Nirgendwo lassen sich die langen roten Reihen der altehrwürdigen Speicher besser bewundern und fotografieren. Dort, wo Wandrahmfleet und Holländischbrookfleet zusammenfließen, thront das romantische Wasserschloss, aber auch die Brücke selbst ist mit ihrem schönen Bogen und der Eisenkonstruktion ein gutes Fotomotiv. Das plattdeutsche Wort »Poggen« bedeutet übrigens »Frösche«. Ob die Amphibien aber tatsächlich zur Namensgebung beigetragen haben, ist nicht bekannt.

Tipp: Besonders schöne Fotos lassen sich frühmorgens machen, wenn noch keine Touristen unterwegs sind - und nachts, wenn die Backsteinfassaden vom Verein Lichtkunst Speicherstadt effektvoll angestrahlt werden.

8 KAISPEICHER B

– Koreastraße 1 –

Der riesige denkmalgeschützte Speicher im Hamburger Hafen ist einer der ältesten erhaltenen Speicherbauten Hamburgs, in dem Tabak, Rum, Wein, Getreide und Tee gelagert wurden. Seit 2000 steht er unter Denkmalschutz, ab 2004 wurde er für das private Internationale Maritime Museum Peter Tamm umgebaut. Vor dem Eingang glänzt eine imposante, sechs mal sechs Meter große Schiffsschraube, die Mitarbeiter von Wärtsila, Blohm & Voss und dem Museum vor dem Einschmelzen gerettet haben – Symbol und Denkmal der Schifffahrt.
Die rote Klinkerfassade des Maritimen Museums mit ihren vielen verspielten Giebeln, Gesimsen und Spitzbögen greift den für die Speicherstadt typischen neugotischen Stil der sogenannten Hannoverschen Schule auf. Das imposante Gebäude steht in exponierter Ecklage am Wasser und ist sowohl von außen als auch von innen sehenswert.

Tipp: Das Internationale Maritime Museum präsentiert auf neun Etagen und 12 000 Quadratmetern Ausstellungsfläche ganze 3000 Jahre Schifffahrtsgeschichte mit spannenden Exponaten aus aller Welt, von Säbeln über Motoren bis hin zu einem Schiffssimulator und Embryos aus dem Meer. Außerdem gibt es ein Fischrestaurant, Veranstaltungsräume und die Möglichkeit, Räume zu mieten.

MARITIMES
MUSEUM

9

STÖRTEBEKER-DENKMAL

– Störtebeker Ufer –

Gleich nach der Busanbrücke steht auf der rechten Seite die 200 Kilogramm schwere Bronzestatue von Klaus Störtebeker. Sie ist unbekleidet, die Hände sind gefesselt, der Kopf ist erhoben und der Blick stolz. Die Inschrift auf dem Sockel lautet »Gottes Freund, der Welt Feind«.
Der von den Armen verehrte und von den Hamburger Kaufleuten gehasste Pirat konnte angeblich erst nach einem Sabotageakt eines seiner Männer gefasst werden. Am 20. Oktober 1401 wurde er schließlich auf dem Grasbrook, unweit des Standortes der Statue, öffentlich enthauptet. Er hatte dem Bürgermeister das Versprechen abgenommen, jedem seiner Mitstreiter, an dem er – geköpft –vorbeigehen würde, die Freiheit zu schenken. Versprochen, gebrochen! An elf Piraten soll Störtebeker vorbeigelaufen sein, bis ihm ein Bein gestellt wurde. Dennoch ließ der Bürgermeister die gesamte Mannschaft hinrichten.

Info: Wenn man der Anekdote Glauben schenken darf, verdankt Störtebeker seinen Namen seiner Trinkfreude und -festigkeit. Er ist angeblich aus dem Niederdeutschen von »Stürz den Becher« abgeleitet. Allerdings existiert der Name auch als »normaler« Familienname – ein Grund, die Geschichte anzuzweifeln.

CLAAS STÖRTEBEKER
GODEKE MICHELS
1401

10

FLEET-SCHLÖSSCHEN

– Brooktorkai 17 –

Auf dem Weg von der HafenCity zur Speicherstadt liegt direkt am Wasser das Fleetschlösschen. Von oben sieht es aus wie ein fest verankertes, schmuckes, historisches Häuschen, doch zum Wasser hin zeigt sich, dass es zur Hälfte nicht auf festem Boden, sondern auf drei Pfeilern steht, die durch Treppen miteinander verbunden sind. Das Gebäude hat schon viel erlebt: Es war Zollhaus, Feuerwache, Toilettenhäuschen und Café. Als 2004 die Freihafengrenze des Lagerhauskomplexes »Speicherstadt« verlegt wurde, befand sich das Häuschen plötzlich auf zollrechtlichem Binnenland und konnte ab diesem Zeitpunkt als »Fleetschlösschen« gastronomisch genutzt werden. Direkt am Wasser gelegen und von Bäumen umgeben, ist es ein lauschiger Ort für eine kleine Pause.

➲ **Info:** Beim Betrachten fallen vor allem im Dachbereich viele hellere, rötliche Backsteine auf. Mit ihnen wurden die Bombenschäden des Zweiten Weltkrieges ausgebessert.

FLEETSCHLÖSSCHEN

Block S
Piacetto

11 ERICUSSPITZE UND ERICUS-CONTOR

Die dreiseitig von Wasser umgebene Ericusspitze wurde kurz vor dem Dreißigjährigen Krieg als Teil der Stadtmauer um Hamburg errichtet und war danach jahrhundertelang Teil des Hamburger Hafens. Danach lag das Gelände lange Zeit brach. Im Jahr 2007 gewann schließlich das Kopenhagener Architekturbüro Henning Larsen Architects die Ausschreibung für den Neubau des Spiegel-Verlagsgebäudes und des benachbarten Ericus-Contors. Das alte Bollwerk wurde damit zum Sockel und zugleich Fundament für zwei außergewöhnlich markante Bürogebäude, die den Eingang zur HafenCity markieren.
Das Spiegel-Gebäude und das dahinter liegende Ericus-Contor nehmen mit ihren zweigeschossigen, sturmflutsicheren Rotklinkersockeln optisch Bezug auf die historische Speicherstadt, ihre Fassaden bestehen jedoch aus einer leichten, transparenten Gebäudehülle aus Glas, Stahl und Beton. Beide Gebäude haben große Durchbrüche, Atriumhöfe und viele interessante Details, wie zum Beispiel einen minimalen Energieverbrauch. Zusammen bilden sie ein spannendes Ensemble.

Tipp: Auf der Rückseite des Spiegelgebäudes plätschert ein hübsches ebenerdiges »Wasserband«. Im Innenhof des Ericus-Contors befindet sich ein kleiner Park. Treppen rund um die Ericusspitze bieten einen schönen Blick auf das Wasser.

DER SPIEGEL

12 HOLLÄNDISCHER BROOK

Eine sehr malerische Straße an einem sehr malerischen Fleet – das sind Holländischer Brook und Holländischbrookfleet. Der Name stammt von den damaligen Bewohnern, die vor dem langen Unabhängigkeitskrieg der Niederlande gegen Spanien nach Hamburg geflohen waren und sich in diesem »Brook« – das bedeutet abgesenktes Sumpfland – niedergelassen hatten. Im 16. Jahrhundert wurde der Holländische Brook nach dem Vorbild der holländischen Grachten angelegt.
Im 17. und 18. Jahrhundert war an dieser Stelle ein begehrtes Wohngebiet, denn Napoleons Truppen hatten die südlich gelegenen Wallanlagen abgetragen, sodass die Bewohner einen weiten Blick über den Großen Grasbrook hatten. Mit dem Bau der Speicherstadt 1898 wurden diese Bürgerhäuser abgerissen und das Gebiet neu aufgeteilt. Die danach errichteten, direkt am Wasser gelegenen Speicher haben halbrunde Treppenhäuser, die früher als Fluchtwege dienten und heute als kleine Balkone genutzt werden. Abends werden sie wunderschön angestrahlt und erzeugen ein perfektes Schattenspiel, das wie gemalt wirkt. Der Lichtkünstler Michael Batz knüpft damit an die Perfektion des Chiaroscuro an.

Info: Schon für die stolzen Besitzer der ersten Fotoapparate war die kleine Kopfsteinpflasterstraße am Wasser ein beliebtes Fotomotiv. Auch heute noch lassen sich am Holländischbrookfleet und auf der Holländischbrookfleetbrücke Fotos mit typischem Hamburg-Flair schießen.

13

HHLA ZENTRALE

– Bei St. Annen 1 –

Das dominierende Gebäude am Holländisch Brook ist die Hauptverwaltung der Hamburger Hafen und Logistik AG (HHLA), auch »Rathaus der Speicherstadt« genannt. Der Eingang befindet sich jedoch Bei St. Annen. Das Gebäude wurde zwischen 1902 und 1904 nach Plänen von Johannes Grotjan und der Firma Hanßen & Meerwein (die auch das Hamburger Rathaus gebaut hatten) auf 463 Holzpfählen errichtet. Hamburg war damals nach London und New York der drittgrößte Hafen der Welt – das wollte man zeigen!

Der repräsentative Prachtbau, der eher an ein Märchenschloss als an eine Firmenzentrale erinnert, zeigt romanische Rundbögen, Renaissancefenster, barocke Zierelemente, Balkone, Arkaden und ein Uhrentürmchen. Der reich verzierte Giebel trägt das Wappen der HHLA. Nach der Sanierung durch Gerkan, Marg und Partner im Jahr 2001 wurden im Inneren Jugendstilelemente mit moderner Büroausstattung kombiniert.

Info: Dass die HHLA in der Speicherstadt eine große Rolle spielt, zeigt sich auch an anderen Stellen, wie am Steinlöwen mit HHLA-Schriftzug, der die Fassade des Sandtorkaihofs ziert.

14

WASSERSCHLOSS

– Dienerreihe 4 –

Auf einer Halbinsel zwischen dem Wandrahmfleet und dem Holländischbrookfleet liegt das Wasserschloss. Es ist wohl das meistfotografierte Gebäude der gesamten Speicherstadt, besonders von der Poggenmühlenbrücke aus bietet sich ein beeindruckender Blick auf das Wasser und die typischen Speicherbauten. Seit 1991 steht das Gebäude unter Denkmalschutz. Die Backsteinfassade ist mit Glasbausteinbändern und Granitgliedern versehen, die zusammen mit dem grünen Kupferdach, den hohen Bogenfenstern und den runden Erkern ein sehr reizvolles Bild ergeben. Besonders schön ist die nächtliche Beleuchtung.

Ursprünglich diente das Wasserschloss als Wohnung und Werkstatt für die Windenwärter, die für die hydraulischen Speicherwinden zuständig waren, da es keine Lastenaufzüge gab und gibt. Heute befindet sich im Wasserschloss ein Teehandel mit angeschlossener Gastronomie.

Info: Im Wasserturm kann man nicht nur stilvoll Hochzeitsfeiern buchen, sondern sich auch standesamtlich trauen lassen. Seit 2012 ist es offizielle Außenstelle des Standesamtes Hamburg Mitte.

15

ZOLLKANAL

Der Zollkanal bildete bis 2003 die Zollgrenze zwischen der Hamburger Altstadt und dem Freihafengebiet, heute trennt er die Speicherstadt von der Hamburger Altstadt.
Er wurde Ende des 19. Jahrhunderts aus den bestehenden Gewässern Binnenhafen, Dovenfleet, Mührenfleet und Oberhafen zur Umfahrung des neu angelegten Freihafengebietes angelegt. Für eine reibungslose Schifffahrt wurde eine Breite von 45 Metern vorgesehen. Da der Zollkanal ohne Schleuse direkt mit der Elbe verbunden ist, machen sich Ebbe und Flut deutlich bemerkbar. Der Kanal wird von mehreren Brücken überspannt: der westlichen und der östlichen Niederbaumbrücke, dem Kehrwiedersteg, der Brooksbrücke, den Kibbelstegbrücken, der Jungfernbrücke, der Kornhausbrücke, dem Wandrahmsteg, der Oberbaumbrücke sowie der Oberhafenbrücke.

Tipp: Auf der Seite der Hamburger Altstadt kann man wunderbar am Zollkanal entlang spazieren und hat einen schönen Blick auf die Speicherstadt.

16

KORNHAUS-BRÜCKE

Die Kornhausbrücke verdankt ihren Namen – man ahnt es bereits – dem 1661 erbauten städtischen Kornhaus. Sie ist 44,8 Meter breit, das eiserne Tragwerk ruht auf Granitsockeln, die Fahrbahn wird von dünnen Zugbändern gehalten. Die Kornhausbrücke hatte von Anfang an keine historisierenden Torbauten, dafür aber auf beiden Seiten zwei große Statuen aus rotem Sandstein: Christoph Kolumbus und Vasco da Gama auf der Altstadtseite und die (im Zweiten Weltkrieg zerstörten) Standbilder von James Cook und Ferdinand Magellan. Die Brücken der Speicherstadt benötigten eine gewisse Durchfahrtshöhe für die Schiffe, deshalb wurden bei Neubauten meist flache Eisenkonstruktionen statt Steinbauten verwendet.

Tipp: Der Blick von der Kornhausbrücke in beide Richtungen des Zollkanals markiert deutlich den Übergang zwischen Altstadt und Speicherstadt. Von der Brücke aus sieht man sowohl die Hauptkirche St. Petri als auch die Kirche St. Katharinen.

17

ZIPPELHAUS

Am Ort des historischen Zippelhauses, das 1535 in der Hamburger Altstadt erbaut wurde, verläuft heute eine gleichnamige Straße, die mit ihrem Namen an die einstige Geschichte erinnert. Das Gebäude selbst wurde seinerzeit von Gemüsehändlerinnen aus Bardowick genutzt, die hier ihre Waren lagerten und verkauften. Das Haus besaß herunterklappbare Fensterläden, die für den Verkauf genutzt wurden. Der Name »Zippelhaus« leitet sich von einem ihrer Hauptprodukte ab: dem »Zippel«, dem niederdeutschen Wort für Zwiebel. Seit 1890/91 steht in der Straße nicht nur das neue Zippelhaus 3, sondern auch eine Reihe weiterer Häuser aus dem späten 19. Jahrhundert.
An der Neorenaissance-Fassade des Zippelhauses 3 befinden sich zwei Figuren: Alois Senefelder, Erfinder der Lithografie, und Johann Gutenberg, Erfinder des Buchdrucks. Sie weisen auf die Nutzung als Druck- und Verlagshaus hin. Das Gebäude gilt als Beispiel für die Vorläufer des Kontorhauses.

Tipp: Die Gebäude in der Straße Zippelhaus gehören nicht offiziell zum UNESCO-Weltkulturerbe, sind aber dennoch schön anzusehen – wie hier die Fassade am Zippelhaus 3 beweist.

18

OBERHAFEN-BRÜCKE

Die Oberhafenbrücke ist eine zweigeschossige Brücke für den Eisenbahn- und Straßenverkehr. Sie ist die einzige Brücke in Hamburg, die auf beiden Ebenen für den Autoverkehr genutzt wird. Eine Etage über der Autobrücke und den beiden seitlich angebauten Fußgängerbrücken verlaufen vier Gleise, über die der gesamte Eisenbahnverkehr der Deutschen Bahn über die Elbe geführt wird. Durch die Stahlkonstruktion ergeben sich malerische, oft dramatische Schattenbilder, die die Oberhafenbrücke zu einem beliebten Motiv für Foto-, Video- und Filmaufnahmen machen.

Info: Am nördlichen Widerlager der Oberhafenbrücke befindet sich die Gedenktafel zur Sturmflut von 1771.

19

ASIA-HAUS

– Willy-Brandt-Straße 49 –

Das Asia-Haus wurde zwischen 1900 und 1909 von dem Architekten George Radel für den Hamburger Kaufmann Theodor Lind errichtet und gilt als typisches Kontorhaus der Jahrhundertwende.
Das Gebäude steht mit der Schmalseite zur Straße und ist deutlich größer, als es auf den ersten Blick erscheint. Mit seinen fernöstlich inspirierten Maskenmotiven verweist es auf den florierenden Handel mit Fernost: Theodor Lind war Gewürzhändler. Über dem prachtvollen, mit Jugendstilkacheln geschmückten Treppenhaus hat das Asienhaus einen ovalen Lichthof mit verschnörkelter Balustrade, der tagsüber für angenehme Helligkeit sorgt.

Info: Das denkmalgeschützte Kontorhaus wird derzeit revitalisiert.

20 GRIMM

Der Grimm ist heute der Name einer Straße in der Hamburger Altstadt. Er bezeichnet jedoch eine ehemalige Insel im Mündungsbereich der Alster in die Elbe. Diese ehemals östlich der Insel Cremon gelegene Marschinsel Grimm war durch das heute zugeschüttete Steckelhörnfleet von Cremon getrennt und erstreckte sich südlich der heutigen Willy-Brandt-Straße bis zum Meßberg im Osten und dem Kirchhof von St. Katharinen im Westen.

Die Insel Grimm befand sich bis etwa im Jahr 1300 außerhalb der Hamburger Stadtgrenzen. Um sie bewohnbar zu machen, hatte man das Inselufer erhöht und nach drei Sturmfluten zwischen 1216 und 1219 zusätzliche Deiche errichtet. Typisch für den Grimm sind die schmalen Fleetgänge, die den Siedlern »in der zweiten Reihe« den Zugang zum Wasser sicherten.

Der große Brand von 1842 verschonte zwar Cremon und Grimm mit ihren wenigen gut erhaltenen Kaufmannshäusern, doch 101 Jahre später wurden große Teile der Insel bei der »Operation Gomorrha« zerstört.

Tipp: Auf dem Gebiet der ehemaligen Insel befindet sich die Gröninger Privatbrauerei, die älteste Brauerei Hamburgs.

21

ST. KATHARINEN

– Katharinenkirchhof 1 –

St. Katharinen ist die dritte der fünf Hauptkirchen des alten Hamburg, die bis heute das Bild der Freien und Hansestadt prägen. Ihr Turmschaft aus dem 13. Jahrhundert soll das älteste stehende Bauwerk der Stadt sein, das noch seine Funktion erfüllt. Die Kirche entstand Mitte des 13. Jahrhunderts, als die Stadt durch Eindeichung neues Land gewann. Sie markierte den Mittelpunkt der Gemeinde auf den Elbinseln Grimm, Cremon, Brook, Wandrahm und Kehrwieder und galt wegen ihrer Nähe zum Hamburger Hafen als Kirche der Seefahrer. Der 1657 vollendete Turmhelm trägt die Krone der Heiligen Katharina. Sie soll aus dem Goldschatz Klaus Störtebekers gegossen worden sein.

Tipp: Das Innere der hellen und hohen Kirche ist sehenswert. In den Sommermonaten finden sonntags auch Führungen durch den sonst verschlossenen Turm statt.

22

JUNGFERN-BRÜCKE

Die denkmalgeschützte Jungfernbrücke, 1887–1888 als schmiedeeiserne Fußgängerbrücke erbaut, überspannt den Zollkanal und verbindet den Katharinenkirchhof mit der Brookinsel in der Speicherstadt. Namensgeber war die neben dem Zollkanal verlaufende Straße »Kleiner Jungfernstieg«. Die Jungfernbrücke wurde bald von Heiratswilligen als Hochzeitsbrücke auserkoren, wovon die unzähligen Liebesschlösser am Geländer zeugen.

Tipp: Wie so oft gilt auch hier: Vor allem in der Dämmerung und bei Nacht entfaltet die kleine Brücke eine besondere Schönheit, die durch den illuminierten Brückenbogen entsteht.

HAMBURG PORT AUTHORITY

23

KANNEN-GIESSERORT

Wie viele Berufe inzwischen ausgestorben sind, zeigt sich besonders an den alten Straßennamen, die über Jahrhunderte auf die Handwerker einer Zunft hinwiesen. So auch im Kannengießerort, wo die Kannengießer lebten. Diese Hersteller von Krügen und Kannen gelten als Vorläufer unserer heutigen Klempner. Der Kannengießerort führt vom Neuen Wandrahm nach Pickhuben beziehungsweise zum St. Annenufer und geht in der Mitte in die kleine Kannengießerortbrücke, eine Fachwerkbrücke, über. Der Kannengießerort selbst bildet gewissermaßen die räumliche Mitte der Speicherstadt.

Info: Das Kleine Fleet am Kannengießerort ist die Verbindung zwischen Zollkanal, Wandrahmsfleet und Brooksfleet. Hier kommen auch einige der zahlreichen Barkassen vorbei, wenn die Witterung es zulässt.

Block P

24 ST. ANNENUFER

Das St. Annenufer ist eine kleine idyllische Allee am St. Annenfleet zwischen der Neuerwegsbrücke und der erst 1955 erbauten St. Annenbrücke. Es wird oft als »ein Stück Amsterdam in Hamburg« bezeichnet, da es stark an die Hauptstadt der Niederlande erinnert. Früher hatte das Speicherstadtmuseum seine Räume am St. Annenufer, heute befindet sich das private Kaffeemuseum Burg in den Speichern des Blocks R, auch Genuss Speicher genannt. Denn bereits seit 1886 wurde der Kaffeespeicher der Kaffeehändler Hansen & Studt zur Lagerung und Verarbeitung von Kaffeebohnen genutzt.

Tipp: Im Kaffeemuseum Burg erfährt man alles über das Lieblingsgetränk der Deutschen. Angefangen bei Anbau, Ernte und Verarbeitung über Werkzeuge, Maschinen, Röster und Mühlen bis hin zu Filtern, Kannen, Geschirr und Werbung. Neben dem Museum gibt es eine eigene Rösterei, einen Laden und ein Café.

25

KIBBELSTEG

Mit dem ersten Rammschlag der Kibbelstegbrücken am 9. April 2001 begann der Bau von Europas größtem Neubauprojekt, der HafenCity. Der Kibbelsteg soll die Hamburger Altstadt mit der Speicherstadt und der HafenCity verbinden. Entworfen wurde er vom Hamburger Architekturbüro Gerkan, Marg und Partner (gmp) und dem Ingenieurbüro Windels, Timm und Morgen. Das 220 Meter lange Brückenbauwerk überspannt in drei Bögen den Zollkanal, das Brooksfleet und die Straße Am Sandtorkai. Eine Besonderheit sind die zwei Ebenen der Brücke: Die obere Ebene dient dem Autoverkehr, die untere ist Fußgängern und Radfahrern vorbehalten. Nach dem historischen Vorbild des im Zweiten Weltkrieg zerstörten Kibbelstegs wurden die Brücken als Stahlfachwerkbögen mit Holzbohlenbelag ausgeführt. So ist auch bei Hochwasser die Verbindung zwischen den Stadtteilen gewährleistet.

Ulf Schlemminger EK
Stile Trends Ideen
040/ 3750 3009
www.schlemminger.de
Block E

26

MINIATUR-WUNDERLAND

–Kehrwieder 2 –

Deutschlands beliebteste Sehenswürdigkeit ist weder ein Schloss noch eine Burg, sondern eine Modelleisenbahnanlage im Speicherboden des Kehrwieder 2. Im Jahr 2000 von Stephan Hertz und den Zwillingsbrüdern Frederik und Gerrit Braun gegründet, ist das Miniaturwunderland in der Speicherstadt laut Guinness World Records die größte Modelleisenbahnanlage der Welt – die wächst und wächst und sogar mehr Erwachsene als Kinder in ihren Bann zieht. Grandios gestaltete Städte, Berge, Flüsse und Naturlandschaften begeistern Besucher aus aller Welt. Die drei Gründer haben nicht nur eine nüchterne Eisenbahnanlage gebaut, sondern Welten geschaffen, in denen sich viel bewegt: Menschen tanzen, feiern und demonstrieren, Flugzeuge (und gelegentlich auch eine Monsterwespe) starten und landen auf dem riesigen Flughafen, verborgene Geister schweben in Höhlen, Containerschiffe gleiten über das Wasser. Über 16 Kilometer Gleise im Maßstab 1:87, 1200 digital gesteuerte Züge, 5300 Häuser und Brücken, mehr als 11 000 Fahrzeuge und fast 300 000 Figuren wurden bisher verbaut. Besonders schön ist der viertelstündliche Tag-Nacht-Wechsel.

27

KESSELHAUS

– Am Sandtorkai 30 –

Am äußersten Ende der Speicherstadt, dort, wo man sich gefühlt schon in der HafenCity befindet, steht das ehemalige Kesselhaus. In dem dreigeschossigen Gebäude wurde nicht nur Strom für die Beleuchtung der Speicheranlagen erzeugt, sondern auch Druckluft. Diese wurde für den Betrieb der hydraulischen Winden, Kräne und Hebebühnen in der Speicherstadt benötigt. Das im Zweiten Weltkrieg zerbombte Kesselhaus wurde von 1999 bis 2000 von gmp Architekten restauriert. Der denkmalgeschützte Backsteinbau beherbergt heute das HafenCity Info Center: Ein vier mal acht Meter großes Modell des neuen Stadtteils im Maßstab 1:500 zeigt geplante Projekte als Holzkuben und detailgetreue Miniaturausgaben bereits realisierter Gebäude.

Tipp: Von hier aus starten kostenlose öffentliche Führungen durch die HafenCity.

28

SPICY'S GEWÜRZMUSEUM

– Am Sandtorkai 34 –

Die Speicherstadt ist nicht nur als weltgrößter Teppichhandelsplatz bekannt, sondern auch als riesiger Umschlagplatz für Gewürze. Gleich hinter dem Kesselhaus, im Block L, eröffnete 1993 in einem der ältesten historischen Speichergebäude das »Gewürzmuseum Spicy's«. In der Welt der Gewürze erfährt man alles über Pulver und Körner, vom Anbau über die Verarbeitung bis zum fertigen Produkt. Gewürzgeschichte zum Anfassen und Riechen: Über 900 Exponate aus fünf Jahrhunderten sind zu bestaunen, teilweise in Tonschalen auf »Schnuppertischen« präsentiert.

Tipp: Hier kann man auch Gewürze kaufen und Veranstaltungen buchen.

Pfeffer grün
green pepper
Indien
Rosa Beeren
kein Pfeffer
Frucht eines Schinusstrauches
Indien

29

BROOKSBRÜCKE

Die Brooksbrücke gehört zu den ältesten Brücken Hamburgs. Jahrhundert überspannte sie als Holzkonstruktion den heutigen Zollkanal, wurde um 1870 durch eine Steinbrücke ersetzt und bereits 1885 erneut umgebaut, um drei Jahre später als Hauptbrücke zur Speicherstadt durch kaiserliche Hand eingeweiht zu werden: Kaiser Wilhelm II. persönlich legte am 29. Oktober 1888 auf dieser Brücke den Grundstein für den Bau der Speicherstadt.

Bei der Einweihung zierten vier Figuren die Brückenköpfe: Hammonia (Schutzgöttin Hamburgs), St. Ansgar (religiöser Gründer Hamburgs), Barbarossa (Wegbereiter des Freihandels) und Germania (vermutlich Personifikation Hamburgs mit Deutschland). Im Krieg zerstört, initiierte das Hamburger Traditionsunternehmen J.J. Darboven 2003 eine Neugestaltung der Brücke, auf der 2006 vier neue Bronzeskulpturen von Jörg Plickat ihren Platz fanden. Die Germania wurde dabei durch die Skulptur Europa als Zeichen der Verbundenheit mit unseren europäischen Nachbarn ersetzt.

Tipp: Die Brooksbrücke ist eine gute Stelle, um Fotos vom Zollkanal, dem Kibbelsteg und dem Binnenhafen zu machen.

30

KEHRWIEDER-FLEET

Als eine der eindrucksvollsten und schönsten Kulissen der Speicherstadt wird oft das Kehrwiederfleet genannt, neben dem Brooksfleet die zweite Hauptwasserstraße. Lange hielt sich die romantische Vorstellung, dass der Name auf den Abschied der Seefahrer auf das bange »Kehr wieder!« zurückzuführen sei, denn die Kehrwiederspitze lag am Ausgang des Hafens in die Elbe. »Kehrwieder« bezeichnet im Norddeutschen jedoch einfach nur eine Sackgasse, denn vor der Fertigstellung der Niederbaumbrücke 1880 musste man auf der schmalen Insel bis zur Brooksbrücke wenden. Am Anfang und Ende des Kehrwiederfleets liegt die Kehrwiederspitze.

Tipp: Vom 1890 erbauten Kehrwiedersteg aus kann die Speicherkulisse besonders gut betrachtet werden, weshalb er zu einem Hotspot für Fotografen avanciert ist. Und auch von der Sandbrücke aus ist der Blick empfehlenswert.

31

KEHRWIEDER-SPITZE

Die kleine Halbinsel am Eingang zum Kehrwiederfleet heißt Kehrwiederspitze. Auf dem Weg vom Baumwall in die HafenCity gilt sie als erster Haltepunkt mit fantastischem Blick über den Hafen.
Bereits 1899 wurde auf der Kehrwiederspitze die Hafenpolizeiwache 2 errichtet, heute hat hier das Wasserschutzpolizeirevier Hafen seinen Sitz. Sie überwacht Gefahrguttransporte. Das Gebäude ist auch Außendrehort für die seit 2007 laufende Fernsehserie »Notruf Hafenkante«. Blickt man in Richtung Wasser, sieht man auf der linken Elbseite die beiden Musical-Hallen und auf der rechten Seite die Cap San Diego und das Museumsschiff Rickmer Rickmers in der Elbe schaukeln.

Tipp: Vom nahe gelegenen Fähranleger Sandtorhöft starten regelmäßig Hafenrundfahrten. Am schönsten sind sie in einem kleinen Boot, denn damit gelangt man auch in die schmalen Fleete.

TARZAN

32

ELB-PHILHARMONIE

Auf der Spitze des Großen Grasbrook thront Hamburgs jüngstes Wahrzeichen, das bereits weltweit bewundert wird: die Elbphilharmonie. Von allen Wegen, Ecken und Winkeln der Hansestadt aus zu sehen, erstrahlt ihre legendäre wellenförmige Glasfassade aufgrund des schnellen Wetterwechsels in Hamburg immer wieder in neuem Licht. Die Elbphilharmonie hat sich in kürzester Zeit zu einem wahren Besuchermagneten entwickelt, der auch viele Menschen in die Konzerte lockt, die vorher noch nie klassische Musik gehört haben.
Für den Bau wurde der Sockel des 1963 erbauten Kaispeichers A, eines ehemaligen Tee-, Kakao- und Tabakspeichers, entkernt, und der markanten Baukörper auf seine Hülle gesetzt. Die 110 Meter hohe Elbphilharmonie hat 26 Geschosse, 29 Aufzüge, 11 Treppenhäuser und eine Glasfassade aus insgesamt 1100 einzelnen Glaselementen, die jeweils aus vier Glasscheiben mit integriertem Licht- und Wärmeschutz und teilweise individueller Wölbung bestehen. Das Herzstück sind jedoch die drei Konzertsäle: der Große Saal mit 2100 Plätzen, der Kleine Saal mit 550 Plätzen und das Kaistudio 1 mit 170 Plätzen. Im Großen Saal steht eine riesige Orgel mit 4765 Pfeifen. Die kürzeste misst nur 11 Millimeter, die längste ganze zehn Meter.

Tipp: Von der öffentlich zugänglichen Plaza hat man einen wunderbaren Panoramablick auf Elbe, Hafen, Speicherstadt und Hamburg. Dazu sollte man unbedingt die geschwungene Rolltreppe benutzen, die direkt »ins Licht« führt.

10
11
Sandtorhöft (Speicherstadt)

33

KÖRBER-STIFTUNG

– Kehrwieder 12 –

– Im Hanseatic Trade Center –

Auf der anderen Seite der Kehrwiederspitze steht das quadratische Gebäude der Körberstiftung. Sie befindet sich an der Spitze des imposanten Hanseatic Trade Centers und markiert damit gewissermaßen dessen »quadratischen Kopf«. 1959 von dem Zigarettenmaschinenfabrikanten Kurt A. Körber gegründet, setzt sie sich intensiv für das Miteinander ein. Die Arbeit der Körber-Stiftung umfasst die Themenfelder »Alter und Demografie«, »Bildung«, »Demokratie, Engagement und Zusammenhalt«, »Geschichte und Politik«, »Internationale Politik«, »Kultur« und »Wissenschaft«. Das zur Stiftung gehörende KörberForum organisiert jährlich rund 100 hochkarätig besetzte öffentliche Veranstaltungen zu aktuellen gesellschaftlichen Themen.

Tipp: Im Körber-Forum finden regelmäßig Veranstaltungen – etwa Gespräche mit interessanten Persönlichkeiten – statt, die öffentlich zugänglich sind. Spannend zum Beispiel die Reihe »2 x hören«, in der ein musikalisches Werk zweimal – vor und nach einem Gespräch mit den Künstlern – gespielt wird. Auch das Kneipenquiz erfreut sich großer Beliebtheit.

12 KEHRWIEDER 12

34

NIEDERBAUMBRÜCKE

Vom Baumwall aus gesehen ist die Niederbaumbrücke die erste von insgesamt acht Brücken, die von der Hamburger Altstadt über den Zollkanal zur Speicherstadt und HafenCity führen. Die älteren Brücken sind aufwendig gestaltet und oft verziert, die neuen meist schlicht und schnörkellos. Die Niederbaumbrücke besteht aus zwei nebeneinander liegenden Bogenbrücken zwischen Baumwall und Kehrwieder, die östliche Brücke wurde 1957 erbaut, die westliche erst 1978. An ihrer Stelle befand sich früher eine Drehbrücke.
Der Niederbaum, der der Brücke ihren Namen gab, war eine schwimmende hölzerne Absperrung der Hafeneinfahrt. Am Ende des Zollkanals befand sich das Gegenstück, der Oberbaum, mit der heute viel befahrenen Oberbaumbrücke.

Tipp: An der Kante der Niederbaumbrücke kann man zur Elbe hinuntergehen. Von hier aus hat man einen schönen Blick auf den Binnenhafen und die dahinter liegende Speicherstadt.

35 BAUMWALL

Der Baumwall ist eine 180 Meter lange Straße, die die befestigte Grenze zwischen der Hamburger Altstadt und der Speicherstadt bildet. Seinen Namen verdankt er einer Stadtbefestigung aus dem 16. Jahrhundert. Bis 1852 wurde hier nachts die westliche Zufahrt zum Binnenhafen mit einer Barriere aus Baumstämmen versperrt. Seit 1911 befindet sich am Baumwall die gleichnamige U-Bahn-Station, die 2016 um den Zusatz »(Elbphilharmonie)« ergänzt wurde. Die Station gilt gemeinhin als Ausgangspunkt für die Besichtigung der Speicherstadt und der HafenCity. Aber auch die Uferpromenade am Baumwall selbst bietet einen weiten und malerischen Blick auf Elbe, Schiffe, Speicherstadt und Elbphilharmonie. Das legendäre ehemalige Verlagshaus von Gruner & Jahr soll künftig als große Markthalle mit Wohnungen und Büros genutzt werden.

Tipp: Auf den Treppen der über 600 Meter langen Uferpromenade gibt es Sitzgelegenheiten mit herrlichem Blick auf die Hafenkulisse mit großen Pötten, Wind und Möwengeschrei.

36

KAJEN

Die im 14. Jahrhundert entstandenen Kaianlagen im Hamburger Binnenhafen hießen Kajen. Sie befanden sich zwischen den Mündungen des Nicolaifleets und des Alsterfleets, die dazugehörigen Straßen hießen Buten-Kajen (wasserseitig) und Binnen-Kajen (landseitig). Sie verliefen bis 1887 zwischen Deichstraße und Rödingsmarkt, heute betritt man die etwa 150 Meter lange Straße Kajen, über die man auch den Anleger Kajen erreicht. Dieser manchmal leicht schaukelnde, malerische Steg bringt echtes Hafen- und Hamburg-Gefühl. Hier preisen auch viele Barkassenkapitäne lautstark ihre Hafenrundfahrten an.
Am nördlichen Rand der Kajen wurde von 1953 bis 1955 die »Kontorhausgruppe Kajen« des Architekten Otto Paradowski errichtet, fünf siebengeschossige Gebäude. Seit 1997 stehen sie unter Denkmalschutz.

Tipp: In der Nähe von Kajen schaukelt die Flussschifferkirche »FLUSI« im Hafenwasser. Zur selbständigen evangelisch-lutherischen Flussschiffergemeinde gehören Binnenschiffer und ihre Familien sowie Menschen, die in der Nähe des Hafens wohnen. Es finden regelmäßig Gottesdienste statt, auch Trauungen und Taufen sind möglich.

37 HOHE BRÜCKE

Die Hohe Brücke ist eine 24 Meter breite Bogenbrücke über das Nikolai-Fleet in der Hamburger Altstadt. Sie führt die gleichnamige Straße im Hamburger Hafen über die Elbe. Der Name bezieht sich auf die Bauhöhe, die eine Passage für Schiffe mit Masten ermöglichte. Das ehemals Mitte des 13. Jahrhunderts als Holzbrücke errichtete Bauwerk ist mit Backsteinen verkleidet, hat eine Granitbrüstung und schmiedeeiserne Laternen.

Die heutige Brücke stammt aus den Jahren 1886/1887, das gelbe Backsteinhaus mit der Nummer 2 wurde etwas später angebaut. Es wirkt wie ein kleines Schloss. Hier wohnte der Kranwärter, der vier Kräne bediente. Nur der Neue Kran von 1858 ist noch erhalten.

Tipp: Am westlichen Rand der Hohen Brücke steht das ehemalige Dienst- und Wohnhaus des Kranwärters. Das Kranwärterhaus, das heute als Bürogebäude genutzt wird, sieht wie eine kleine Burg aus. Im Hintergrund befindet sich das Haus der Seefahrt.

38 NIKOLAIFLEET

Das Nikolaifleet ist ein Fleet in Hamburg, das sich vom Binnenhafen bis weit in die Hamburger Altstadt erstreckt. Hier begann 1188 die Entwicklung des Hamburger Hafens: Das bogenförmige Fleet war der Hauptmündungsarm der Alster und wurde »Alsterschleife« genannt. Bis zum Bau der Speicherstadt diente das Nikolaifleet dem Gütertransport. Nach dem Hamburger Brand von 1842 und der anschließenden Umgestaltung der Hamburger Innenstadt nimmt die Alster einen anderen Weg, nämlich durch das schiffbare Alsterfleet. Am südlichen Ende des Nikolaifleets kann man den letzten erhaltenen Fleetabschnitt mit der typischen Althamburger Bebauung bewundern.

Tipp: Den schönsten Blick auf das Nikolaifleet hat man von der Außenterrasse des bretonischen Restaurants Ti-Breizh (Deichstraße 49), die sich am Anleger des Nikolaifleets befindet. Im Nikolaifleet liegt auch das Theaterschiff Hamburg mit seinem unterhaltsamen Programm.

39 DEICHSTRASSE

In der Deichstraße stehen die wenigen »Althamburger Bürgerhäuser« aus dem 17. bis 19. Jahrhundert, die vom Großen Brand von 1842 verschont geblieben sind. Sie stehen auf dem Deich zwischen der Straße und dem Nikolaifleet. Die ersten Außendeichhäuser entstanden bereits in der frühen Neuzeit, die Häuser in der zweiten Reihe, die Binnendeichhäuser, kamen später hinzu. Der Zugang zum Fleet erfolgte über schmale Fleetgänge.

In diesen alt-hamburgischen Bürgerhäusern waren Wohnen, Arbeiten und Lagern vereint. Im vorderen, der Straße zugewandten Teil der schmucken Fachwerkhäuser befand sich der Wohnbereich mit der damals typischen, repräsentativen Diele und dem Kontor. Dass sie heute noch zu bewundern sind, ist der privaten Initiative »Rettet die Deichstraße« zu verdanken, die 1972 in einen Bürgerentscheid mündete, um den geplanten Abriss zu verhindern. Durch Spenden konnten die Häuser 32, 37 und 39 erhalten und renoviert werden.

Info: In der Deichstraße brach am 5. Mai 1842 der Hamburger Brand aus, der auch als Großer Brand bekannt ist und weite Teile der Innenstadt zerstörte. Die Brandursache blieb ungeklärt.

Langnese
CREMISSIMO
Langnese
CREMISSIMO

Alt-Hamburger
Bürgerhaus
TI BREIZH
Bürgerhaus

40

CREMON

Die Cremonstraße gegenüber der Deichstraße auf der Ostseite des Nikolaifleets östlichen Seite des Nikolaifleets, verweist mit ihrem Namen auf die ehemalige Marschinsel Cremon. Diese Cremoninsel erstreckte sich von der heutigen Cremonstraße über Katharinenstraße und -fleet, Steckelhörn und Bei den Mühren. Das Steckelhörnfleet trennte die Insel Cremon von der Insel Grimm.

1937 sollte der Cremon, der den Hamburger Brand fast unbeschadet überstanden hatte, als hanseatische Traditionsinsel erhalten bleiben, doch im Zweiten Weltkrieg wurde auch dieser Teil der Hamburger Innenstadt fast vollständig zerstört – und in der Folge viele Fleete zugeschüttet. Heute kann man mit den Außendeichhäusern Cremon 33 bis 36 die letzten alten Speicher aus dem 18. und frühen 19. Jahrhundert bewundern.

Tipp: Die Eventlocation »Cremon« ist direkt am Nikolaifleet gelegen. Vor allem durch den schwimmenden Ponton, der es den Gästen ermöglicht, direkt auf dem Fleet zu feiern, ist es für Hochzeiten und Feste aller Art sehr beliebt.

JEBS NS

36

41 REIMERSTWIETE

In der malerischen Fußgängerstraße Reimerstwiete auf der Cremoninsel fühlt man sich in längst vergangene Zeiten zurückversetzt.

Die Reimerstwiete gilt als eine der ältesten Straßen Hamburgs, oft wird sie sogar als die älteste Straße Hamburgs bezeichnet. Sie verband zwei Hauptstraßen der seit dem 13. Jahrhundert besiedelten Cremon-Insel, die dazugehörige Reimersbrücke wurde bereits 1285 als »Pons Reyneri« urkundlich erwähnt.

Besonders sehenswert sind die schmalen, restaurierten Fachwerkspeicher der Reimerstwiete 17 bis 21 aus der zweiten Hälfte des 18. Jahrhunderts – echte Hamburger Kulturdenkmäler.

Tipp: Das urige Traditionsgasthaus »Schoppenhauer« von 1633 bietet deutsche Küche in historischem Ambiente, und das sehr gut: Es wird regelmäßig ausgezeichnet.

42

LAEISZHOF

– Trostbrücke 1 –

Das Kontorhaus Laeiszhof ist der traditionsreiche Sitz der 1824 gegründeten Reederei F. Laeisz, einer der führenden deutschen Reedereien. Das Kulturdenkmal wurde in den Jahren 1897 und 1898 als Dreiflügelanlage mit glasüberdachtem Innenhof errichtet. 15 senkrechte Fensterreihen sind zum Fleet ausgerichtet, die mittlere bildet die Symmetrieachse des Gebäudes. Der Eingang, ein großer Torbogen, liegt jedoch zur Trostbrücke hin. Schaut man nach oben, entdeckt man vier Statuen: Reichskanzler von Bismarck, Kaiser Wilhelm, Kaiser Wilhelm II. und Generalfeldmarschall von Moltke. Auf einem der Dachgiebel sitzt eine kleine Pudelstatue, eine Anspielung auf den Spitznamen der Ehefrau von Carl Laeisz und die berühmte Flotte »Flying P-Linie«.
Der Laeiszhof verfügt über ein aufwendig gestaltetes Treppenhaus mit repräsentativer Eingangshalle, die durch das quadratische Treppenauge lichtdurchflutet ist. In das Geländer sind kleine Schilder mit der jeweiligen Etage eingelassen.

Tipp: Im Laeiszhof dreht noch ein Paternoster seine Runden. Diesen »Proletenbagger« benutzten lange Jahre nur die kleinen Angestellten, während der »Bonzenheber«, der Aufzug, den leitenden Angestellten vorbehalten war.

43

GLOBUSHOF

– Trostbrücke 2 –

Gegenüber dem Laeiszhof und der Patriotischen Gesellschaft liegt der Globushof. Das denkmalgeschützte Kontorhaus wurde 1907/1908 nach Plänen des Architekturbüros Lundt & Kallmorgen im Stil des Backsteinbarock für die Globus Versicherungs AG errichtet. Nach dem Vorbild der Bürgerhäuser aus Renaissance und Barock wurde der Globushof mit Schweifgiebeln und Kastenerkern versehen, auf dem Dach thront der überdimensionale Meeresgott Neptun, links und rechts flankiert von einer kupfernen Kogge.
Die Fertigstellung ist für 2028/2029 vorgesehen. Der Neubau ist Teil des Projektes »Reaktivierung des Großen Burstah«, mit dem die Kontorhäuser wieder enger an die Innenstadt angebunden werden sollen.

Tipp: Wer vor dem Hof steht und den Blick nach oben schweifen lässt, entdeckt eine Statue des Wassergottes Neptun, die zwischen zwei kupfernen Segelschiffen thront – beides sollte die Handelsmacht der Hamburger Kaufleute demonstrieren.

44

PATRIOTISCHE GESELLSCHAFT

– Trostbrücke 2 –

Direkt an der Trostbrücke befindet sich das Gebäude der Patriotischen Gesellschaft von 1765, die im selben Jahr als »Hamburgische Gesellschaft zur Beförderung der Künste und nützlichen Gewerbe« gegründet wurde.
Die Patriotische Gesellschaft ist ein gemeinnütziger Verein Hamburger Bürger und gilt als die älteste zivilgesellschaftliche Organisation im deutschsprachigen Raum. Auf ihre Initiative gehen unter anderem die Errichtung von Blitzableitern, die Gründung der ersten Sparkasse, die Einrichtung von Bücherhallen und der Anstoß zum Kartoffelanbau in Hamburg zurück.
Das Gebäude an der Trostbrücke steht an der Stelle, an der seit dem 13. Jahrhundert bis zum Großen Brand 1842 das Hamburger Rathaus stand. Es wurde von 1845 bis 1847 nach Plänen von Theodor Bülau erbaut und gilt als wegweisend, da es über Betonfundamente, Asphaltböden und bereits über Wasserklosetts verfügte.

Tipp: In den historischen Räumen der Patriotischen Gesellschaft kann man zu Mittag essen. Aktueller Mieter ist die Burgerkette Hans im Glück.

NIKO
LAI
Arbeiten, wohnen &
leben im Herzen der Stadt
procom

45

AFRIKAHAUS

– Große Reichenstraße 27 –

Hamburg hat eine besondere Verbindung zu Afrika. Im Herzen der Hamburger Innenstadt steht deshalb das sehr gepflegte Afrikahaus, ein weiteres berühmtes Hamburger Kontorhaus, auch wenn es nicht explizit zum Weltkulturerbe zählt. Es wurde 1899 nach Plänen von Hermann Geißler und Martin Haller (der auch das Hamburger Rathaus, die Laeiszhalle und den Dovenhof entwarf) als Firmensitz für das 1837 gegründete Handelshaus C. Woermann, die Woermann-Linie und die Deutsche Ost-Afrika-Linie erbaut. Bis heute vertreibt das Unternehmen technische Güter und Dienstleistungen nach Ghana, Nigeria und Angola. Durch drei Torbögen, in deren erstem sich die Bronzestatue eines afrikanischen Wahehe-Kriegers befindet, gelangt man in den sehenswerten Innenhof des Afrikahauses. Das Gebäude gliedert sich in das Vorderhaus, zwei seitliche Hofriegel und das Elefantenhaus, das von zwei torgroßen gusseisernen Elefantenreliefs flankiert wird.
Das Afrikahaus steht seit 1972 unter Denkmalschutz. Es ist das einzige Gebäude der Großen Reichenstraße, das aus dieser Zeit erhalten geblieben ist.

Info: Hamburg profitierte in besonderem Maße vom Kolonialhandel und gilt neben Berlin als »Kolonialmetropole des Kaiserreichs«.

AFRIKAHAUS
WOERMANN
Heaven's DOOR

46

HAMMABURG-PLATZ

Die rund ein Hektar große Rasenfläche im Zentrum Hamburgs wurde im Februar 2024 vom Domplatz in Hammaburg-Platz umbenannt, denn genau an dieser Stelle wurde mit dem Bau der Hammaburg der Grundstein für Hamburg gelegt.
Seit dem Mittelalter stand hier der Mariendom, der das geistliche und kulturelle Zentrum der Stadt bildete. Seit 1957 führte die Domstraße über den Platz, daneben befanden sich Parkplätze.
Im Jahr 2008 wurde der Platz in eine Rasenfläche umgewandelt, auf der 39 weiße Sitzwürfel aus Acryl stehen. Diese markieren die Standorte der Pfeiler der ehemaligen Domkirche und sind bei Dunkelheit von innen beleuchtet. Einer der Sitzwürfel gibt den Blick auf ein original erhaltenes Pfeilerfundament frei. Rund um den Platz sind begehbare Stahlskulpturen angeordnet, die den Wallring der Hammaburg veranschaulichen.

Info: Die Gestaltung mit den Acrylwürfeln ist das Ergebnis eines öffentlichen Ideenwettbewerbs. Sie wird als Zwischenlösung bis zu einer endgültigen städtebaulichen Entscheidung betrachtet.

DIE ZEIT
ZEIT ONLINE

47

MIRAMAR-HAUS

– Schopenstehl 15 –

Das Haus Miramar ist ein typisches Hamburger Kontorhaus im Stil des Backsteinexpressionismus. Auch wenn es eher unbekannt ist, hat es seine Bedeutung: Das Gebäude wurde als eines der ersten großen Kontorhäuser im Kontorhausviertel errichtet. Das Haus Miramar mit seinem weißen Sockel und der roten Klinkerfassade folgt im Grundriss den beiden Straßen Schopenstehl und Kattrepel. Entworfen wurde es von dem Architekten Max Bach, Bauherr war die Miramar Handelsgesellschaft m.b.H. Nach kriegsbedingter Zerstörung wurde das ursprüngliche Satteldach durch ein Flachdach ersetzt. Geblieben ist die abgerundete Spitze, die stilbildend wurde. Am Portal sind im Uhrzeigersinn die sechs wichtigsten Berufe dargestellt: Bergmann, Baumeister, Kaufmann, Seemann, Bauer und Stahlarbeiter. In der Mitte und über allen schwebt ein Engel.

Info: Heute beherbergt das Gebäude zahlreiche Büros, unter anderem hat der Murmann Verlag hier seinen Sitz.

MIRAMAR

48

MONTANHOF

– Kattrepel 2 –

Ein weiteres großes Kontorhaus befindet sich an der Niedernstraße Ecke Kattrepel. Der Montanhof wurde von 1924 bis 1926 nach Plänen der Architekten Hermann Distel und August Grubitz für die Firma Dobbertin & Co. beziehungsweise die Reederei Komrowski errichtet, die hier noch heute ihren Sitz hat. Das Montanhaus hat weder eine spitze noch eine abgerundete Gebäudeecke, sondern wurde mit drei Zacken gestaltet, die an einen Faltenrock oder eine Ziehharmonika erinnern und den Montanhof einzigartig machen. Einen schönen Kontrast zur roten Klinkerfassade bilden die weißen Sprossenfenster. Die Fassade ist außerdem mit Art-Déco-Elementen geschmückt. Im Erdgeschoss sind Rundbögen in den Sockel eingelassen, hinter denen sich kleine Läden befinden.

Tipp: »Die alte Druckerei« ist eine coole Weinbar im Montanhof. 2021 wurde sie in den Räumlichkeiten der dort viele Jahrzehnte lang beheimateten Druckerei eröffnet. Der industrielle Charme ist geblieben, viele Utensilien aus der Druckindustrie fanden hier ein zweites Leben.

CIGARREN
DER KIOSK
MONTANHOF

49

HANSEATENHOF

– Kattrepelsbrücke 1 –

Der Hanseatenhof war einer der ersten Neubauten im damaligen Sanierungsgebiet südlich der Steinstraße. Das relativ kleine Kontorhaus wurde 1922 von den Architekten Heinrich Mandix und Hans Franck entworfen und gebaut. Der Bau weist noch markante Züge der früheren Kontorhausarchitektur auf. Das ursprünglich mächtige Mansarddach wurde im Zweiten Weltkrieg zerstört und durch zwei einfach gestaltete Geschossaufbauten ersetzt. Der Hanseatenhof wurde mehrfach umgebaut und erweitert, seine Fassade steht unter Denkmalschutz.

Tipp: An der Ecke des Hanseatenhofs Kattrepelbrücke/ Niedernstraße befindet sich Hamburgs ältestes Teefachgeschäft, Tee Zwanck. 1796 gegründet, zog das Unternehmen 1990 vom Cremon in den Hanseatenhof. Über 150 Teesorten werden hier angeboten.

Theehandlung seit 1796
Ernst Zwanck

50

MOHLENHOF

– Burchardstraße 17 –

Das Kontorhaus Mohlenhof wurde in den Jahren 1927 und 1928 von den drei Architekten Rudolf Klophaus, August Schoch und Erich zu Pulitz entworfen. Als das Trio mit der Planung begann, standen die Grenzen des Gebäudes bereits fest: Die Außenwand an der Niedernstraße folgt deren bogenförmigem Verlauf, während die übrigen Außenwände gerade sind. Der Mohlenhof entstand als dreiteiliges, ineinander verschachteltes Kontorhaus mit Kopfbau und zwei Flügeln. Die Fassade ist im Stil der Neuen Sachlichkeit als Betonskelettbau mit glatter Klinkerfassade und schlichten Fenstern gestaltet. Der Haupteingang des Mohlenhofs liegt am Burchardplatz. Davor steht eine überlebensgroße Skulptur des Merkur von Richard Kuöhl, der eine Kogge auf der Schulter trägt und eine Hammonia, das Symbol Hamburgs, in der Hand hält. Seitlich sind Reliefs der fünf Kontinente angebracht.

➲ **Tipp:** Bei Sonnenschein entsteht auf der südlichen Fassade ein spannendes Schattenspiel aus Lichtreflexen und natürlicher Schattierung.

MICHAEL PASDZIOR
ist seit 40 Jahren als freier Fotograf tätig und zählt zu den bekanntesten Bildautoren in Hamburg. Sein Schwerpunkt liegt auf der Landschafts-, Architektur- und Reisefotografie. In verschiedenen, renommierten Verlagen sind zahlreiche Bücher erschienen. Seine Fotos sind in namhaften Zeitschriften, wie Zeit Magazin, SZ Magazin, Merian, Geo Spezial und Architectural Digest veröffentlicht worden. Viele seiner Arbeiten wurden und werden in Ausstellungen gezeigt und befinden sich in verschiedenen Sammlungen, unter anderem im Museum für Kunst und Gewerbe in Hamburg.

www.pasdziorphoto.de

KATJA DEUTSCH
ist freie Journalistin und lebt und arbeitet in Hamburg. Am liebsten schreibt sie über Architektur, Bauen und Wohnen.